Introduction

I wrote this story in 1997/1998.
This is my first piece of writing.
This is a true story.
This story is about the immigration problems I have
and which are faced by many other Asian people.
When I came to England
I could not speak, read or write English.
My teacher Mrs. Jafri from Bangladeshi Women's Project
helped me to learn English and Urdu.
Then Mrs. Mohini Puri from Gatehouse encouraged our
class to write our experiences.
At that time I did not think that I could write but I took
courage and wrote my story.
I hope that you will like my story.

Kohinoor Akter

Oceans Apart

by Kohinoor Akter

Basic Skills Collection

NATIONAL
LOTTERY
CHARITIES
BOARD

Text © Kohinoor Akter 1998
Illustrations including cover: Caroline Jariwala
Bengali translation: The Translation and Interpretation Service, Manchester City Council
Cover design: David Andrassy
Kohinoor Akter Photograph: Mohini Puri
Editor: Mohini Puri

ISBN 0906253 62 4

Published by Gatehouse Books Ltd., Hulme Adult Education Centre, Stretford Road, Manchester M15 5FQ.
Printed by RAP Ltd, 201 Spotland Road, Rochdale, Lancs OL12 7AF
Gatehouse is grateful for continued financial support from Manchester City Council and North West Arts Board, and for financial assistance for the development of the Asian Women's project from the National Lottery Charities Board, Barrow-Cadbury Trust, Save & Prosper Educational Trust, Kellogg's, Garfield Weston Foundation. Gatehouse is grateful for continued support from Manchester Adult Education Services (MAES).
Gatehouse acknowledges additional support and skills of Hulme Adult Education Centre for the Book Selection Group. Thanks to the members of the BSG, Mrs. Qaisra Ahmad Sharaz, Amanda Challis, Amina Bibi, Amina Latimar, Nandini Alahdi, Ruksana Rana and Champaben Popat.
Thanks to the following groups:- Bangladeshi Women's Project, Abraham Moss Adult Education Centre, Plymouth Grove Centre, Hulme Centre, Chorlton Workshop EVH, Bolton Royd Centre, Bradford and Language and Literacy Unit London.
Gatehouse is a member of Federation of Worker Writers and Community Publishers (FWWCP).
Gatehouse is a charity registered in England no. 1011042

পরিচিতি

আমি ১৯৯৭/৯৮ সালে এই গল্প লিখি।

এটাই আমার প্রথম লেখা।

এটা সত্য ঘটনা।

আমার ইমিগ্রেশন সমস্যা এবং অনেক এশীয় মানুষকে যে তার মুখোমুখী হতে হয় সেটার উপর ভিত্তি করে এই গল্প।

আমি যখন ইংল্যান্ডে আসি

তখন আমি ইংরেজী বলতে, পড়তে বা লিখতে পারতাম না।

বাংলাদেশী উইমেন্স্‌ প্রজেক্ট থেকে আমার শিক্ষিকা মিসেস জাফরি আমাকে ইংরেজী এবং উর্দূ শিখতে সাহায্য করেন।

অতঃপর গেটহাউজ এর মিসেস মোহিনী পুরী আমাদের অভিজ্ঞতা নিয়ে লিখতে উৎসাহিত করেন।

তখন আমি ভাবতে পারিনি যে আমি লিখতে পারব। কিন্তু সাহস যোগাড় করে আমি আমার গল্প লিখলাম।

আমি আশা করি যে আপনি আমার এই গল্প উপভোগ করবেন।

কোহিনুর আক্তার

I was thirteen years old
when I got married.
I got married in Bangladesh.
I was very happy for one year.
I lived with my in-laws
in an extended family.

1

আমার বয়স যখন তের বছর
তখন আমার বিয়ে হয়।
আমার বিয়ে হয় বাংলাদেশে।
এক বছর বেশ সুখে ছিলাম।
আমি আমার শ্বশুর বাড়ীতে
এক যৌথ পরিবারে থাকতাম।

2

Before I was married
I lived in a village called Battali
near Chittagong.
I stayed in school for seven years.
Then I left
because I got married.

3

বিয়ের আগে আমি
চট্টগ্রাম শহরের কাছে
বাটালি গ্রামে বাস করতাম।
আমি সাত বছর স্কুলে পড়াশুনা করি।
তারপর আমার বিয়ে হয় এবং
আমি স্কুল ছেড়ে দিই।

My father was a British National.

He applied for my British Nationality
after my marriage.

He died before it arrived.

After my father's death
my family (my in-laws)
started finding fault with me.

আমার বাবা ছিলেন
একজন ব্রিটিশ নাগরিক।
আমার বিয়ের পর তিনি আমার ব্রিটিশ
নাগরিকত্বের দরখাস্ত করেন।
সেটা পাওয়ার পূর্বে তিনি মারা যান।
আমার বাবা মারা যাওয়ার পর
আমার শ্বশুর বাড়ীর মানুষেরা
আমার দোষ ধরতে শুরু করল।

I was very sad and upset
because whatever I did
the whole family found fault with it.
Everything I did
was wrong to them.

আমার মন বেশ খারাপ ও বিষন্ন থাকত।
কারণ আমি যাই করতাম না কেন
পরিবারের সকলে আমার দোষ ধরত।
আমি যে কাজই করতাম
তারা শুধু ভুল ধরত।

8

My other brothers and sisters

lived in Manchester.

I lived with my in-laws

in Bangladesh

for seven years.

I had my first baby girl.

Her name is Khurshid Zehan.

I waited for my British passport.

9

আমার অন্য ভাই বোনেরা
ম্যানচেষ্টারে থাকত।
আমি সাত বছর ধরে বাংলাদেশে
আমার শ্বশুর বাড়ীতে ছিলাম।
আমার প্রথম মেয়ে জন্ম নেয়।
তার নাম হচ্ছে খুরশিদ জাহান।
আমি ব্রিটিশ পাসপোর্টের জন্য
অপেক্ষা করতে থাকি।

10

I had my second baby girl
one year later.
We called her Rashida Akter.
At last my British passport arrived.
I applied for visas
for my two daughters and my husband
to come to England.

11

এক বছর পর আমার
দ্বিতীয় মেয়ের জন্ম হয়।
আমরা তার নাম রাখি রশিদা আক্তার।
অবশেষে আমার
ব্রিটিশ পাসপোর্ট পেলাম।
আমার দুই মেয়ে এবং স্বামীর
ইংল্যান্ডে আসার ভিসার জন্য
দরখাস্ত করলাম।

We went to Dhaka for an interview.
The journey from my village
took fourteen hours.
They only interviewed my husband.
The interview did not go well.
They asked hundreds of questions
hundreds of times.
They asked him a lot of questions
about England.
He did not know all the answers.
So they did not give him
or my daughters
permission to come to England.

একটি সাক্ষাতকারের জন্য
আমরা ঢাকা গেলাম।
আমার গ্রাম থেকে সেখানে যেতে
চৌদ্দ ঘন্টা সময় লাগল।
তারা শুধু আমার স্বামীর
সাক্ষাতকার নিল।
সাক্ষাতকার সুবিধেমত হয়নি।
তারা শত শত প্রশ্ন করল।
তারা তাকে ইংল্যান্ড সম্বন্ধে
অনেক প্রশ্ন করল।
উনি সকল প্রশ্নের উত্তর জানতেন না।
সুতরাং তারা তাকে অথবা
আমার মেয়েদেরকে
ইংল্যান্ডে আসার
অনুমতি দিল না।

14

I was pregnant again
and was very ill.
My brothers and sisters
asked me to come
to England.
My husband borrowed money
and bought me a ticket
and so I came to England.

15

আমি আবার গর্ভবতী হলাম
এবং বেশ অসুস্থ হয়ে পড়লাম।
আমার ভাই-বোনেরা
আমাকে ইংল্যান্ডে
যাওয়ার উপদেশ দিল।
আমার স্বামী টাকা-পয়সা ধার করে
আমার টিকেট কিনলেন।
এরপর আমি ইংল্যান্ড আসলাম।

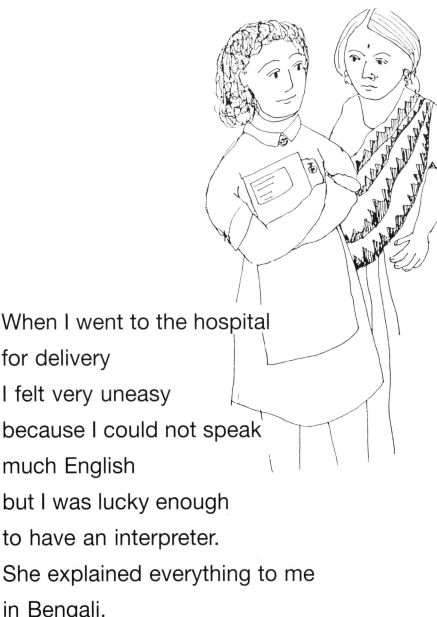

When I went to the hospital

for delivery

I felt very uneasy

because I could not speak

much English

but I was lucky enough

to have an interpreter.

She explained everything to me

in Bengali.

17

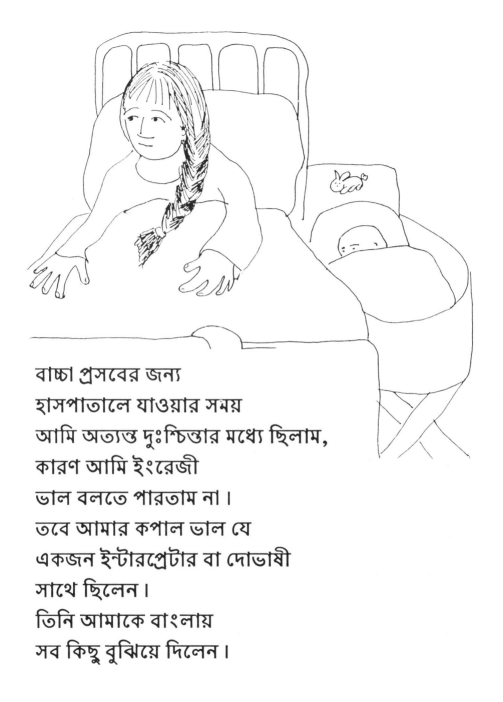

বাচ্চা প্রসবের জন্য
হাসপাতালে যাওয়ার সময়
আমি অত্যন্ত দুঃশ্চিন্তার মধ্যে ছিলাম,
কারণ আমি ইংরেজী
ভাল বলতে পারতাম না।
তবে আমার কপাল ভাল যে
একজন ইন্টারপ্রেটার বা দোভাষী
সাথে ছিলেন।
তিনি আমাকে বাংলায়
সব কিছু বুঝিয়ে দিলেন।

18

My third daughter
was born in Manchester.
We called her Kaneez Noor Syed.

19

আমার তৃতীয় মেয়ের
জন্ম হয় ম্যানচেষ্টারে।
আমরা তার নাম রাখি
কানিজ নুর সাঈদ।

I applied for my husband

to come to join me

but so far I have not got permission.

I miss my daughters and my husband.

My husband has not seen

our third child

who is two years old.

আমার স্বামীকে এদেশে
নিয়ে আসার দরখাস্ত করি,
কিন্তু এখন পর্যন্ত অনুমতি পেলাম না।
আমার স্বামী ও মেয়েদের কথা
প্রায়ই মনে পড়ে।
আমার তৃতীয় সন্তানের বয়স
এখন দুই বছর
এবং আমার স্বামী
তাকে এখনও দেখেনি।

It is very hard
to bring up a child
on your own
while you are working.
I am working
and learning English.

কাজ করার সাথে সাথে
একটি বাচ্চা মানুষ করা
অত্যন্ত কষ্টকর।
আমি কাজ করছি
এবং ইংরেজী শিখছি।

I have to work
otherwise my husband
and my daughters
won't be able to join me.
It is very sad.

আমাকে কাজ করতে হচ্ছে,
নাহলে আমার স্বামী ও মেয়েরা
আমার কাছে আসতে পারবে না।
এটা খুবই দুঃখের ব্যাপার।

I look forward to the time
when we are all together
and this hope
keeps me going.

আমরা সকলে একসাথে হব
এমন দিনের জন্য প্রতিক্ষা করছি
এবং এই আশা নিয়ে
আমি বেঁচে আছি।

Gatehouse Books

Gatehouse is a unique publisher
Our writers are adults who are developing their basic
reading and writing skills. Their ideas and experiences
make fascinating material for any reader, but are
particularly relevant for adults working on their reading
and writing skills. The writing strikes a chord - a shared
experience of struggling against many odds.

The format of our books is clear and uncluttered. The
language is familiar and the text is often line-broken, so
that each line ends at a natural pause.

Gatehouse books are both popular and respected within
Adult Basic Education throughout the English speaking
world. They are also a valuable resource within
secondary schools, Special Needs Education, Social
Services and within the Prison Education and Probation
services.

Booklist Available

Gatehouse Books
Hulme Adult Education Centre
Stretford Road
Manchester M15 5FQ
Tel: 0161 226 7152
The Gatehouse Publishing Charity is a registered charity reg no. 1011042.
Gatehouse Books Ltd is a company limited by guarantee, reg. no. 2619614